RÉPONSE

A LA NOTE

Présentée à la Commission Supérieure des Colonies

PAR QUELQUES

NÉGOCIANTS BORDELAIS

SOUS LE TITRE

LE SÉNÉGAL ET LES GUINÉES DE PONDICHÉRY

BORDEAUX

IMPRIMERIE BORDELAISE J. LAMARQUE

43 — Rue Porte-Dijeaux — 43

1880

RÉPONSE

A LA NOTE

Présentée à la Commission Supérieure des Colonies

PAR QUELQUES

NÉGOCIANTS BORDELAIS

SOUS LE TITRE

LE SÉNÉGAL ET LES GUINÉES DE PONDICHÉRY

BORDEAUX

IMPRIMERIE BORDELAISE J. LAMARQUE

43 — Rue Porte-Dijeaux — 43

1880

Monsieur le Président et Messieurs les Membres de la Commission Supérieure des Colonies.

Nous avons eu l'honneur de remettre à la Commission supérieure des colonies la pétition que nous avions adressée au Sénat, pour demander le maintien du décret du 19 juillet 1877 sur le régime de la Guinée au Sénégal. Nous avons même à cette occasion complété ce document par une note spécialement rédigée pour la Commission supérieure.

Le débat nous paraissait épuisé, et nous attendions avec la plus entière confiance la solution que doit préparer les travaux de la Commission supérieure, lorsque nous a été fortuitement révélée une note émanant de quelques négociants sénégalais établis à Bordeaux.

Représentants d'une industrie dont l'existence est une question essentiellement vitale pour la colonie de Pondichéry et sa nombreuse population ouvrière, nous ne pouvons pas laisser cette nouvelle brochure sans réponse.

Nous vous prions donc, Messieurs, de vouloir bien accueillir la réfutation que nous vous adressons aujourd'hui dans le but de défendre des intérêts qui n'ont rien de particulier, et nous vous demandons de prêter votre bienveillante attention aux arguments que nous allons avoir l'honneur de faire passer sous vos yeux.

RÉPONSE

A LA NOTE

PRÉSENTÉE A LA COMMISSION SUPÉRIEURE DES COLONIES

PAR QUELQUES

NÉGOCIANTS BORDELAIS

SOUS LE TITRE

LE SÉNÉGAL ET LES GUINÉES DE PONDICHÉRY

CHAPITRE PREMIER

Les adversaires du décret du 19 juillet 1877 posent en principe, que cette législation a été adoptée « à l'instigation et dans l'intérêt exclusif » des actionnaires de la Société de filature et de tissage mécanique de » Pondichéry; » ils ajoutent, « qu'elle est venue brusquement apporter » une lourde charge à notre colonie et entraver le progrès de son com- » merce et de son agriculture. » C'est, disent-ils, « une mesure d'ex- » ception, absolument contraire aux principes du régime douanier de » nos colonies; au point de vue économique, c'est une iniquité fla- » grante. »

Ce préambule résume bien toute l'argumentation des négociants sénégalais qui poursuivent aujourd'hui le retrait du décret du 19 juillet 1877, et il nous sera certainement facile de démontrer une fois de plus, l'erreur et le mal fondé de cette thèse.

Nous aurons, pour faire cette réfutation, à reproduire assurément quelques-uns des arguments que nous avons développés dans la pétition au Sénat et dans la note complémentaire; aussi, demandons-nous à Messieurs les Membres de la Commssion supérieure des colonies d'excuser ces redites nécessaires, que nous nous efforcerons de rendre aussi restreintes que possible.

Nous pourrions réfuter immédiatement les critiques que nous venons de relever, qui forment la base de toute l'opposition des adversaires, si nous ne tenions pas à suivre l'ordre de la brochure pour signaler les erreurs que nous avons intérêt à redresser dans la partie historique de ce document. Nous aurons ensuite l'occasion de discuter la thèse dont nous contestons non-seulement le bien fondé, mais encore l'exactitude.

La première partie de la note traite du régime douanier du Sénégal.

Nous nous bornerons en réponse à ce qui a été dit sous ce titre *à exposer :*

Que la législation de 1860 ne se borna pas à assurer la franchise des principales matières premières pour permettre à l'industrie de soutenir la concurrence des fabricants étrangers, mais qu'elle réserva de plus une protection effective en frappant les produits étrangers à leur entrée en France, d'un droit qui pouvait atteindre jusqu'à 30 p. 100. C'est ce que nos adversaires ont oublié de dire, et il est bon de le rappeler.

Nous dirons aussi, que la loi de 1861 réservait aux marchandises de production française, importées dans nos colonies, une situation correspondante au régime métropolitain en disposant que :

« Les marchandises étrangères sont assujetties à leur entrée aux » colonies, aux mêmes droits de douane que ceux qui leur sont impo- » sés à leur importation en France. »

Nous ajouterons enfin que la différence de régime douanier des deux arrondissements avait été motivée, non par la situation géographique de la colonie qui n'a rien à faire dans la cause, mais uniquement par la différence des pratiques commerciales.

Ainsi, le deuxième arrondissement était frappé de droits de sortie, parce que la perception atteignait par ce moyen *l'ensemble* du mouvement commercial, tandis que des droits à l'entrée n'en aurait frappé qu'à peine *un tiers,* les deux autres tiers *échappant* à *toute perception,* puisqu'ils représentaient l'emploi des pièces de 5 fr., et que ces espèces sont exemptes nécessairement de droits. Il ne peut pas être dénié que la marchandise d'importation ne concourt que pour un tiers aux achats des produits exportés du deuxième arrondissement, et que la différence, soit les deux tiers, peut-être même davantage, se traite avec des espèces métalliques.

CHAPITRE II

RÔLE DE LA GUINÉE AU SÉNÉGAL

Nous ne discuterons pas l'étymologie du mot *guinée*, c'est sans importance. Nous croyons plus utile de faire remarquer que malgré certaines explications et réserves, les Bordelais reconnaissent que la guinée « *devient l'unité de valeur;* la *monnaie employée dans le com-*
» *merce de troque avec les Maures…..* et *aussi dans leur rapport avec*
» *les peuplades de l'intérieur de l'Afrique.* »

C'est précisément ce que nous avons établi; on avait paru contester ce que l'on affirme aujourd'hui.

Nous relèverons en passant, que l'on dit que la pièce de filature Inde ou de Belgique s'échange à raison de 15 kil. de gomme (ce qui place ces deux provenances à égalité), tandis que la guinée anglaise ne vaut que 12 kil. C'est la démonstration du classement des différentes sortes et la réfutation du discrédit qu'on avait voulu jeter sur la guinée de l'Inde et ses producteurs.

Nous signalerons enfin que les adversaires de la guinée de l'Inde font remarquer encore en terminant la nécessité de la guinée pour le Maure, qui ne pourrait placer des pièces de 5 fr. dans le désert, mais qui peut au contraire avec la guinée se procurer ce dont il a besoin.

CHAPITRE III

PROVENANCE DES GUINÉES

On nous dit qu'avant 1861, le coton de l'Inde ne trouvait pas de débouché en Europe et se consommait sur place où il était filé à la main et converti en guinée grossière.

Cette assertion est bien hasardée, car il suffit d'examiner les statistiques pour voir que les cotons de l'Inde, malgré leur infériorité, se vendaient couramment en Angleterre, dans les centres manufacturiers. En outre, nous ferons observer que la filature à la mécanique était établie à Pondichéry depuis 1832.

On explique dans la note sénégalaise, que la guerre d'Amérique favorisa l'emploi des cotons de l'Inde, et que par suite de l'accroissement des débouchés que ces sortes trouvèrent en Europe, ils haussèrent rapidement, entraînant la guinée à des prix élevés.

A ce propos, on affirme de nouveau que la Société de filature et de tissage de Pondichéry, se laissant emporter par la fièvre de spéculation, doubla le prix de ces guinées et réalisa d'énormes bénéfices.

Cette assertion est complètement inexacte à plusieurs points de vue.

D'abord, la spéculation dont on parle fut faite non pas par la Société de Pondichéry, mais par un syndicat de quatre maisons qui opérèrent simultanément à Bordeaux et *à Londres*. Sur ces quatre maisons, une seule possédait des actions de la Société.

Ensuite, nous répèterons ce que nous avons dit déjà : que si la guinée a pu doubler de valeur, c'est que le coton de l'Inde, qui valait 50 fr. les 50 kil. avant la guerre, alors que la guinée se vendait à 11 fr. la pièce, monta au prix énorme de 280 fr. les 50 kil.

Qu'y a-t-il donc eu de surprenant, d'abusif dans la hausse de la guinée de l'Inde, — et que reprocherait-on au syndicat s'il avait spéculé sur la matière brute, au lieu de le faire sur un produit fabriqué ?

Nous ajouterons enfin que la Société de Pondichéry, loin d'avoir fait des bénéfices énormes, fut, par les hauts prix du coton, obligé de chômer, et que lorsqu'elle reprit son travail, ce ne fut que pour préparer sa ruine, tant elle éprouva de perte dans la réalisation de ses produits.

Voilà la réponse que nous avons à faire; elle démontre l'inexactitude absolue des affirmations de nos contradicteurs.

Est-il permis maintenant de parler d'abus, de monopole et de la cupidité avide des fabricants indiens?

Ce qu'il y a de certain, c'est que les négociants sénégalais qui s'étaient presque toujours trouvés assez forts pour dominer le marché de la guinée, furent à leur tour maîtrisés par des événements de force majeure, et qu'ils en ont conçu quelque rancune contre une industrie qui n'était pas coupable du moindre abus.

Nous trouvons ensuite une comparaison du prix des guinées qui est certainement très-inexacte, car elle est établie sur des cours qui n'existaient pas simultanément.

En effet, il n'est pas exact de dire que la guinée de l'Inde valait 12 fr. la pièce de 15 mètres, de 2 kil., alors que les guinées belges ne valaient que 9 fr. la pièce de 1 kil. 650, et que les guinées anglaises ne valaient que 7 fr. la pièce de 1 kil. 400.

Lorsque la pièce de guinée anglaise valait 7 fr., les guinées de l'Inde valaient 9 fr. 50 les 2 kil., 9 fr. les 1 kil. 875, 8 fr. 50 les 1 kil. 750 (juin 1876).

Lorsque les guinées belges de 1 kil. 650 valaient 9 fr., la pièce de guinée de l'Inde valait 9 fr. 50 les 2 kil. (juillet 1877), avec cette observation que les fabricants belges ne donnent que trois mois de terme, sans escompte, alors que les vendeurs de guinées de l'Inde accordent 5 p. 100 d'escompte, sans terme.

Si nous considérons les cours actuels, nous trouvons que :
Les guinées de l'Inde, 1 kil. 800, valent 8 fr. 50;
Les guinées belges, 1 kil. 650, valent 9 fr.;
Les guinées anglaises, 1 kil. 400, 7 fr.

L'avantage est largement pour les guinées de l'Inde.

On dit enfin en terminant ce troisième chapitre, que l'Inde, la Belgique et l'Angleterre fournissent au Sénégal par tiers à peu près l'approvisionnement des guinées;

On ajoute que les Rouennais, satisfaits de l'exploitation du marché intérieur, se désintéressent de plus en plus des articles d'exportation; *depuis une dizaine* d'années, ils ont à peu près abandonné la guinée.

Ceci démontre de la manière la plus évidente, ce que nous avons dit au sujet de l'industrie de Rouen, et détruit ce singulier argument qu'on ne retrouve plus dans la note, que le décret du 19 juillet 1877 a été suggéré par Pondichéry, au détriment de Rouen, pour l'empêcher de produire de la guinée.

CHAPITRE IV

ORIGINE DE LA PROTECTION DES GUINÉES DE L'INDE.

Avec l'examen de ce chapitre, nous allons trouver l'occasion de discuter les principales objections de nos contradicteurs; ce sera donc la partie la plus importante de notre réponse, et nous la recommandons spécialement à l'attention de la Commission supérieure.

Les adversaires de l'industrie française de Pondichéry s'efforcent de faire des guinées une question personnelle à la Société, qui porte aujourd'hui le nom de *Savana*. C'est sans doute une tactique habile, mais elle est essentiellement erronée, et elle s'appuie sur un exposé de faits tellement inexact, que nous devons rétablir la vérité méconnue ou simplement ignorée, ce que nous préférons croire.

Nous ne voulons pas entrer dans des détails qui ne sont certainement pas sans intérêts, et nous nous bornerons à relever toutes les inexactitudes en signalant à la Commission supérieure qu'un historique complet de l'industrie cotonnière de Pondichéry et une étude très-étendue de la question guinée se trouvent dans le volume des procès-verbaux des séances du Conseil local de Pondichéry, année 1874. — *Séance du 30 octobre 1874, pages 75 à 89,* — *Séance du 2 novembre 1874, pages 93 à 104,* — *Séance du 3 novembre, pages 105 à 107.*

La colonie de Pondichéry ne possède pas seulement une seule filature, mais trois filatures, et, à l'une d'elles, est joint un tissage mécanique.

La première filature fut fondée en 1832, agrandie successivement en 1840 et en 1854.

La deuxième filature date de 1838.

La troisième filature a été montée en 1864.

Ces trois établissements produisaient en 1873, époque de leur fermeture, environ 4,000 kil. de filés par jour (1).

La population ouvrière employée aux travaux de la filature et du tissage était, nous l'avons déjà expliqué, d'au moins 7,000 individus.

Un des établissements était la propriété d'un certain nombre d'actionnaires; les deux autres appartenaient à des industriels particuliers.

On peut voir, par ces quelques renseignements, que l'industrie cotonnière de Pondichéry n'intéresse pas seulement la Société incri-

---

(1) En outre des trois filatures mécanique, il existait sur le territoire de Pondichéry de nombreux tisserands travaillant à domicile pour convertir en toile les cotons filés produits par les filatures. De plus il faut comprendre, dans l'industrie de la guinée, les établissements de teinturerie qui emploient également un grand nombre d'ouvriers qui n'ont pas d'autre aliment de travail.

minée, mais qu'elle constitue dans son ensemble un élément considérable de vitalité pour notre colonie, ce qui ne permet pas de lui dénier le caractère certain d'un intérêt essentiellement public.

On a dit que la Société avait causé sa propre ruine par ses agissements de nabab, et que, lorsqu'on s'aperçut qu'il fallait modifier un outillage usé, on ne trouva pas d'argent en caisse.

C'est une grave inexactitude; la Société n'est tombée qu'après avoir fait des dépenses considérables et devant la mévente de ses produits

La liquidation de la filature appelée aujourd'hui *Savana* a eu lieu en 1875.

Or, voici quelles dépenses les actionnaires n'avaient pas hésité de faire pour soutenir la lutte :

En 1866-67, 184,000 roupies ou 335,000 fr. pour un tissage mécanique.
En 1866, 28,362 » 70,905 pour la filature.
En 1871, 27,953 » 70,882 50 pour le tissage.
En 1872, 27,523 » 69,807 50 pour la filature.

217,838 roupies ou 546,595 fr.

Donc, il est inexact de dire que la Société ne pût faire les grosses dépenses nécessaires pour améliorer son outillage.

L'établissement fut en effet vendu aux enchères en février 1875 ; MM. Amalric et Cie s'en rendirent adjudicataires, et une association fut ensuite formée entre MM. Amalric et Cie, une maison indigène et les signataires de cette note pour exploiter l'établissement, qui devint la propriété de la Société.

Mais où les bordelais se trompent, c'est quand ils affirment que l'incurie des nouveaux propriétaires entraîna l'accumulation, en 1873, de 4,000 balles dans les entrepôts de Bordeaux, et que la bonne volonté des négociants sénégalais permît d'écouler une marchandise refusée par les consommateurs.

Nous faisons d'abord observer que les nouveaux propriétaires, n'étant devenus acquéreurs de la filature qu'en 1875, ne peuvent pas être responsables du stock de 1873. C'est donc par la plus singulière des erreurs que les bordelais veulent jeter le discrédit sur leurs agissements, qui ont au contraire tendu, dès le premier jour, à relever progressivement la qualité des guinées. Ce fait est indéniable.

Après une inexactitude aussi considérable, nous dirons que le fait de l'accumulation du stock, en 1873, incombe uniquement à l'oubli dans lequel les négociants sénégalais ont volontairement laissé la guinée de l'Inde, et que les consommateurs n'ont été pour rien dans ce résultat.

La vérité est que les sénégalais, détenteurs des guinées de l'Inde au Sénégal, ont persisté à demander de ces tissus un prix tellement supérieur à celui des imitations, sous prétexte que le prix de revient était élevé, que les traitants ne voulaient pas se charger d'une marchandise trop chère sans être délaissée. Voilà le secret du prétendu abandon de la consommation.

Que firent les détenteurs pour vaincre cette résistance?

On a vu que nos adversaires ont classé la guinée de l'Inde à côté de la guinée belge, tandis que la guinée anglaise vient à un long intervalle.

Malgré ce classement, comme il fallait absolument forcer les résistances (qui ne ressemblaient en rien à la bonne volonté dont on se targue aujourd'hui), les détenteurs de guinées de l'Inde offrirent leur tissu au même prix que les guinées anglaises, soit 7 fr. 25 c. la pièce !

Seulement, ils voulurent du même coup démontrer que les consommateurs du Sénégal sauraient acheter la guinée à sa valeur, et ils obligèrent les sénégalais à ne vendre leurs toiles qu'à un prix fixe de 11 fr., qui laissait une belle marge aux acheteurs.

L'expérience fut concluante, et la première affaire fut suivie d'une seconde, et les cours se relevèrent à 7 fr. 50 c., 8 fr. et 8 fr. 50 c. rapidement, avec un écoulement aussi important que régulier, ce qui démontre clairement que la consommation acceptait toujours ces tissus.

La perte fut lourde pour les détenteurs, comme le disent les sénégalais bordelais, mais sont-ils fondés à qualifier ce résultat de rude leçon?

C'était peut-être la revanche de la spéculation si honnie de 1864, avec ce correctif peu favorable que la grève des acheteurs, n'était pas sérieusement justifiée par un événement de force majeure, comme l'avait été la hausse.

Dès le mois de novembre 1873, les trois filatures de Pondichéry furent fermées, et la revanche des sénégalais plongea dans la misère une nombreuse population ouvrière.

Ce n'est que dans le courant de 1875 que les acquéreurs du principal établissement entreprirent l'œuvre chanceuse de restaurer une industrie qui, de *l'aveu accidentel de nos adversaires, est la principale occupation des habitants de Pondichéry*. Ils auraient même pu ajouter que cette industrie est la seule ressource, non pas des 2,000 ouvriers que l'on admet, mais des 7 à 8,000 qu'elle emploie.

Le seul établissement de Savana compte dans son personnel de filature et de tissage 1,438 employés (1879).

Dès l'apparition des premiers produits, les sénégalais reconnurent leur bonne qualité, et on acheta couramment à 9 fr. la pièce de 3 3/4 et 8 fr. 50 c. les 3 1/2.

Nos adversaires disent que, pendant trois ans, la Société toucha du gouvernement une subvention de 100,000 fr., mais ce n'est pas complètement exact.

D'abord, pourquoi confondre toujours l'industrie cotonnière de Pondichéry avec un seul des trois établissements. La vérité est que la subvention fut équitablement répartie entre les trois filatures au prorata de leur production. Ensuite, la subvention n'a pas été, en fait, de trois fois 100,000 fr. La première année, 1875, comme la dernière, 1877, n'ayant pas donné lieu à l'allocation complète, mais simplement en proportion de la production des fils depuis le début de la subvention jusqu'à la cessation.

Il est donc complètement inexact de dire que *la Société* a reçu 300,000 fr. du gouvernement.

Passant à l'historique du décret, on parle de ministre complaisant, d'enquête administrative, sans but sérieux d'information. Nous avons traité trop longuement toute cette question dans la pétition au Sénat pour avoir besoin d'y revenir.

Ici apparaît dans la note sénégalaise le nom de M. Gaspard Devès, et l'on affirme, ce que nous avons déjà refuté dans l'intérêt de la vérité, que M. Gaspard Devès « est à Saint-Louis le correspondant » intéressé de la maison Chaumel-Durin et Ce, l'un des trois proprié- » taires de la filature de Pondichéry. »

Nous déclarons encore une fois que M. Gaspard Devès n'a aucun intérêt dans notre maison pas plus que dans la filature. Il est bon que la Commission supérieure sache bien cette situation qu'on a constamment travestie dans un intérêt de discussion.

Les Bordelais citent en grosses lettres l'opinion de la Chambre de commerce de Bordeaux; mais leur citation aurait pu être plus longue, et surtout, on n'aurait pas dû joindre à un paragraphe la première phrase du suivant pour en former un tout. Il est vrai que le document est imprimé aux pièces justificatives.

Nous nous permettrons de compléter la citation pour bien démontrer que la Chambre a réservé son opinion. Nous rétablissons dans son entier le paragraphe, dont le premier membre a été extrait, et pour plus de clarté, nous reprenons le tout :

« En principe, la Chambre ne peut demander pour un article seul,
» tel que les guinées, un régime spécial qui, pour cette exception seu-
» lement, assimilerait les colonies à la mère-patrie.
» Sous ce rapport, elle a délibéré que le régime actuel devait être
» maintenu pour les guinées. Mais, la Chambre a entendu réserver
» son opinion pour le cas où, la question étant élargie au lieu de ne
» viser qu'un article spécial, elle était consultée sur la convenance
» d'établir pour toutes les colonies françaises, à l'importation, un
» régime identique à celui qui régit la France elle-même. »

La Commission comprendra que la citation, dans son entier, n'a pas le même caractère que pris dans un sens restreint.

Nous ne relèverons pas ce qu'on appelle les convoitises des filateurs de Pondichéry. Ils demandaient une faveur égale à celle accordé, en 1860, aux industriels métropolitains.

Nous rappelons que la surtaxe de 1 fr. 20 c., imposée aux guinées étrangères, représente le droit d'entrée dont elles seraient frappées à leur importation en France, par application des traités de commerce.

Inutile de répondre à l'argument tiré de l'insuccès de M. Crespin aux élections législatives du Sénégal. Nous ne croyons pas que l'élection ait été placée sur le terrain du décret du 19 juillet 1877. Nous n'avons qu'à signaler en passant, que le commerce de Saint-Louis s'est librement prononcé en faveur de la surtaxe, et que si les avis se sont depuis modifiés, on en comprend clairement la raison.

On revient encore sur ce singulier argument, qui consiste à dire que, grâce à la surtaxe de 1 fr. 20 c., les heureux filateurs de Pondichéry peuvent vendre leur produit 1 fr. 20 c. par pièce de plus que la valeur réelle, et que le commerce de la colonie du Sénégal paie un impôt de 240,000 fr. au profit d'un particulier.

C'est par un véritable abus de langage que les signataires du Mémoire avancent des allégations aussi inexactes.

En premier lieu, il faut le répéter, puisqu'on a l'air de ne pas le comprendre, la production de l'Inde est réglementée, celle étrangère ne l'est pas.

Peut-on admettre par conséquent que les guinées de l'Inde du poids minimum règlementaire de 1 kil. 800 pourraient s'assurer l'entier bénéfice du droit différentiel de 1 fr. 20 c., en concurrence avec des guinées anglaises de 1 kil. 400 ou même des guinées belges de 1 kil. 500.

Mais le prix de revient des imitations, de provenance européenne, est par le fait de la différence du poids, moins élevé pour le fabricant que celui des guinées de l'Inde obligées à un poids inférieur. Donc il n'y a pas possibilité pour le filateur indien qui veut écouler son produit en concurrence avec les imitations d'ajouter le montant du droit, 1 fr. 20 c., à son prix de revient. De plus, les sénégalais ignorent peut-être, que le fabricant indien paie pour l'obtention du certificat d'origine un droit qui est de 6 centimes par pièce, ce qui diminue sensiblement la protection de 1 fr. 20 c.

Ah! si le prix de revient était uniforme on serait fondé à dire que le produit exempt du droit, pourrait sans rien changer à sa position vis-à-vis de ses concurrents, augmenter son prix de 1 fr. 20 c. Alors l'argument des adversaires serait vrai en partie. Mais il n'en est rien, on vient de le voir.

En second lieu faut-il prouver encore une fois que l'impôt n'est pas perçu au profit d'un particulier?

Mais Pondichéry compte trois filatures, un établissement de tissage mécanique, un nombre considérable de métiers à la main, et beaucoup de teintureries; tout cet ensemble d'intérêts particuliers forme l'industrie de la guinée, en créant un véritable intérêt général de premier ordre.

C'est donc une erreur de fait et de raisonnement, que nos adversaires commettent avec une persistance regrettable.

On dit que le décret de 1877 devait faire affluer les acheteurs de guinées dans les comptoirs anglais de la rivière de Gambie.

Ce n'est que par exagération que l'on a pu soutenir la possibilité de ce déplacement du commerce de la guinée.

On sait, par une expérience bien ancienne, que jamais les comptoirs de la Gambie n'ont attiré à l'époque même des prohibitions et des droits de 5 fr. par pièce de guinée, les Maures acheteurs de toiles bleues. Ce n'est pas que les Anglais aient tenté, il y a trente ou quarante ans de faire la concurrence aux marchés commerciaux du Sénégal.

Les Maures marchands de gomme n'ont jamais apporté leurs produits qu'aux escales du fleuve; pour atteindre la Gambie, il leur faudrait prolonger leur voyage déjà bien long et s'exposer aux mauvais traitements, aux perceptions de lourds tributs, aux pillages mêmes des populations noires, qui leur sont le plus souvent hostiles. Il suffit de jeter les yeux sur une carte, pour comprendre que les Maures qui viennent à Dagana, Podor, Tébékou, Bakel et Médine, n'ont pas essayé de franchir le Sénégal pour venir sur les rives de la Gambie. Il est à peu près certain que le pays qui s'étend entre les deux fleuves, est dépourvu d'eau ; d'ailleurs à la difficulté du voyage d'aller s'ajouterait celle non moins grande du voyage de retour. Nous répéterons enfin que l'expérience du passé est là pour démontrer l'impossibilité d'établir ce courant.

Mais essaiera-t-on de dire, que ce que les Maures n'oseront pas faire, les négociants le tenteront en introduisant des guinées par les comptoirs de la Gambie jusqu'aux escales du fleuve pour échapper aux droits.

Il n'y a pas un négociant sénégalais assez téméraire pour tenter l'expérience, et nous n'avançons rien de hasardeux en soutenant qu'en l'état des communications, on n'osera pas faire passer par cette voie quelques balles de guinées seulement.

On ne peut pas dire simplement : il y a de tel point à tel autre 50, 75, 100 lieues, et que la distance n'est pas infranchissable. S'il s'agissait de parcourir des routes bien tracées, de naviguer sur des cours d'eau, nous comprendrions l'objection. Mais pour bien apprécier l'obstacle, il ne suffit pas de promener le compas sur la carte, il faut surtout étudier les conditions du voyage, les rapports des populations de la rive droite du Sénégal avec celles de la rive gauche. Il faut aussi considérer que les Maures viennent déjà de fort loin lorsqu'ils arrivent à nos escales, qu'ils ont des caravanes immenses de bœufs-porteurs et de chameaux qui ne franchissent chaque jour que de très-courtes distances, parce qu'il faut ménager ces moyens de transports, enfin que l'eau est de première nécessité pour les hommes comme pour les animaux.

Il est donc certain que les obstacles naturels sont vraiment insurmontables, aussi bien pour les Maures que pour les Européens (1).

---

(1) Depuis la rédaction de cette note, nous avons eu connaissance de la discussion qui a eu lieu dans le sein du Conseil général, au Sénégal, sur la question qui nous occupe. Nous signalons à l'attention de la Commission supérieure des Colonies l'extrait du procès-verbal qui caractérise la difficulté du transit

On critique amèrement le décret du 20 janvier 1879, qui assimile les deux arrondissements.

Or, ce décret a eu pour conséquence de faire cesser les plaintes du petit commerce de Saint-Louis dont la brochure prend la défense, et s'il n'a pas eu pour effet de vaincre les objections de principe, il faut remarquer qu'il a eu pour résultat de détacher de l'opposition militante les grandes maisons établies uniquement à Saint-Louis.

Il est bon de ne pas oublier, qu'il ne reste aujourd'hui sur la brèche, que celles ayant des établissements commerciaux ou des relations dans le premier et le deuxième arrondissement simultanément. Cette observation est bien significative.

On arrive maintenant au chapitre dénommé *Conclusion*.

Ici reparait une fois de plus cette affirmation inexacte, qui veut faire d'un des établissements de Pondichéry l'unique représentant de l'industrie cotonnière de la colonie, et qui veut quand même faire de la question un simple intérêt privé.

Quelque important que soit l'établissement, objet de tant d'attaques, il est certain, et la démonstration n'est plus à faire, qu'il ne représente qu'un des éléments d'une industrie constituant au plus haut degré un véritable intérêt général.

Il faut donc, sous peine de vouloir s'écarter de la vérité, abandonner cette thèse.

Le chapitre Conclusion est consacré à la réfutation de certaines objections qui sont attribuées aux défenseurs du décret.

Cette réponse de nos adversaires va être l'objet d'une courte réplique :

Première objection.

Il n'appartient pas aux signataires de cette note de prendre en main la cause de M. le Gouverneur ; on peut dire avec vérité que sa bonne foi n'a pas été trompée et que ce n'est qu'après avoir étudié et compris

---

par la Gambie. C'est l'appréciation formulée avec une grande netteté et une parfaite connaissance par le représentant de l'Administration locale délégué auprès du Conseil général. Cet extrait figure à la suite de la présente brochure.

la question, que M. le colonel Brière de l'Isle a manifesté son opinion.

Quant aux allégations de monopole, d'augmentation volontaire des profits d'un fabricant, il n'est vraiment pas nécessaire de s'y arrêter plus longtemps.

Deuxième objection.

On est bien obligé de reconnaître que *la guinée est une monnaie,* mais on dit que le décret ne l'a pas absolument régularisée.

Ceci est exact ; la mesure n'a pas été complète parce qu'il aurait fallu astreindre *toutes les guinées de n'importe la provenance aux mêmes conditions de poids et dimensions.*

Mais on ne niera pas que le décret a favorisé l'abandon des types avilis, qui avaient jeté le désordre dans les affaires ainsi que cela a été démontré par des preuves irréfutables.

On dit, à la vérité, que l'importation des petites guinées anglaises de 1 kil. 400 a même augmenté depuis le décret. Mais si le fait est exact que devient l'accusation de monopole. C'est une singulière manière, en effet, de démontrer que le décret a rendu les consommateurs tributaires obligés de Pondichéry.

Quant à la qualité de ces basses guinées, il n'y a rien à ajouter à la preuve qui a été faite avec l'appréciation des Sénégalais et des fabricants, et il serait difficile de prouver la nécessité de satisfaire ce que l'on appelle les consommateurs peu fortunés.

Les pétitionnaires donnent encore une preuve malgré eux que l'établissement Savana ne représente pas à lui seul l'industrie de Pondichéry, puisqu'on signale l'importation d'autres produits similaires de notre colonie qui, même, ne sortent pas des deux autres filatures mécaniques. C'est un aveu précieux à recueillir, et c'est une nouvelle contradiction en présence de l'accusation de monopole.

Troisième objection.

On dit que si les filateurs de l'Inde, et on en reconnaît sans doute plusieurs, n'ont pas élevé leur prix à la faveur du droit, ils ne l'ont pas abaissé lorsque la réduction des cours du coton et de l'indigo a permis aux imitations de descendre.

Il est certain que l'aveu de la modération des cours des guinées de l'Inde qui auraient pu être surélevées à la faveur du décret de 1 fr. 20 c. par pièce, coûte aux adversaires, et ils croient atténuer l'impression en affirmant le fait malheureusement inexact de l'immobilité des prix.

Pour détruire cette allégation, il suffit de démontrer par des chiffres que le prix de la guinée de l'Inde a suivi la décroissance du cours des cotons et de l'indigo, puisque de 9 fr. 25 c., il est descendu à 8 fr. 50 c., pour les guinées de 1 kil. 800.

Il y a même cela de très-caractéristique, c'est qu'au moment actuel les guinées belges valent 9 fr. les 1 kil. 650, sans escompte, terme trois mois; tandis que les guinées de l'Inde sont toujours tenues aux cours précédents de 8 fr. 50; escompte 5 p. 100, comptant, les 1 kil. 800, ce qui fait toute compensation établie au moins 1 fr. en faveur de la guinée de l'Inde, protégée cependant par le droit de 1 fr. 20 c. Non-seulement le tribut de 1 fr. 20 c. n'est pas perçu, mais il y a encore un écart réel de 1 fr. dans le premier coût.

Voilà les effets du monopole, et comment Pondichéry vend sa guinée 1 fr. 20 c. par pièce de plus qu'elle ne vaut réellement !

Quatrième objection.

Pondichéry n'a pas prétendu que le Sénégal n'était pas une colonie; l'Inde souhaite certainement l'extension de la prospérité de notre commerce national africain. Mais pourquoi le Sénégal ne permettrait-il pas aux Français de l'Inde, alors qu'il n'en peut souffrir, de soutenir l'existence d'une industrie si nécessaire pour la vie d'une population ouvrière autrement intéressante que les populations étrangères du centre du continent africain?

Mais il faudrait cependant s'entendre : le commerce de la gomme, nous dit-on, est stationnaire, — la production des graines oléagineuses seule s'accroît dans de larges proportions.

Or, la guinée s'emploie uniquement pour la traite de la gomme, tandis qu'elle n'entre que pour une infime part dans l'achat des graines oléagineuses.

Ce n'est donc pas le décret de 1877 qui mettra en péril une culture qui, depuis *ces dernières années mêmes*, a pris un accroissement considérable.

Comme en toutes choses, le commerce des graines subit en ce moment l'influence fatale de cette loi économique de l'offre et de la demande.

La demande grandit chaque jour sous l'empire de causes diverses qui procèdent d'une augmentation du débouché des huiles et de l'emploi des grands navires, dont la capacité déjà énorme, se trouve singulièrement accrue par la multiplicité des voyages dus à l'emploi des propulseurs à vapeur. Excitée par ces causes que le décret de 1877 ne saurait atténuer, la production des graines oléagineuses s'est développée largement et continuera de se développer.

Le rôle de la guinée dans le commerce des oléagineux n'est donc qu'un accident, et ce serait une grave erreur de croire que le maintien du décret de 1877 porte réellement obstacle à une culture qui a même très sensiblement augmenté depuis sa promulgation.

Il n'est pas sans grandeur pour la France de porter jusqu'au sein de l'Afrique, nos usages, nos mesures d'ordre public et nos lois. Mais que penser d'une conquête morale faite au prix de l'or, et ce qui est plus précieux, du sang de la France, pour le plus grand profit de l'industrie étrangère qui n'a qu'à recueillir les bénéfices sans avoir à supporter les charges? Que dire surtout de cette faveur immense faite aux producteurs étrangers lorsque l'industrie nationale était déjà connue et appréciée des consommateurs dont on cherche à civiliser les mœurs !

On ne veut pas que le gouvernement cède aux suggestions des traitants, hommes naïfs et étroits, pour assurer de gros bénéfices à quelques fabricants de Pondichéry ou de Rouen.

Cette prétention provoque deux observations : la première, c'est qu'elle est la reconnaissance bien nette que les traitants ont demandé dans l'intérêt de leurs opérations, ce que le gouvernement a accordé. C'est l'aveu de cet intérêt sénégalais qui a été mis en doute.

La seconde, révèle que l'industrie nationale de la guinée n'est pas incarnée comme on l'a soutenu dans l'établissement Savana, puisqu'on admet l'existence de quelques fabricants de Pondichéry, auxquels on ajoute les rouennais.

Cinquième objection.

Dans ce paragraphe, les adversaires du décret, les dénonciateurs du monopole, commencent par reconnaître, une fois de plus, qu'on fabrique à Pondichéry des guinées en dehors des filatures, c'est une déclaration qui a son prix; mais ils opèrent un changement de front, et ils se demandent si le décret n'est pas plus tôt nuisible à l'industrie indienne que favorable. Touchante préoccupation !

A cela, il y a une réponse. Avant le décret, tous les établissements et les métiers indigènes avaient été obligés de s'arrêter. Depuis, l'activité a fait place au chomage forcé. En présence de ces deux situations, il est facile de porter un jugement sur l'efficacité du décret.

Les propriétaires de *Savana* viennent, dit-on, en terminant, dans la crainte de la perte d'un monopole (bien peu réel, cela a été démontré) d'acheter des machines perfectionnées qui leur assureront sans le décret les mêmes bénéfices.

Quelle preuve apporte-t-on à l'appui de cette allégation qui tend à faire croire que l'industrie de Pondichéry, plus favorisée que celle métropolitaine, peut lutter à armes égales avec les producteurs anglais et belges ? Aucune, cela est facile à comprendre, surtout si l'on considère que toutes les machines nouvelles introduites à Pondichéry sont grevées de frais de transport et d'installations qui constituent un surcroît considérable de dépenses.

On ne veut pas reconnaître le véritable caractère des efforts de fabricants qui n'ont jamais cessé au prix d'énormes dépenses, d'améliorer l'industrie, dont ils en ont entrepris le relèvement au grand avantage de la colonie de Pondichéry.

Non, le Sénégal n'est pas sous la dépendance de l'Inde.

Non, le Sénégal ne paie pas un impôt à Pondichéry.

Il n'est pas exact de soutenir que le décret de 1877 a créé un monopole injuste et humiliant.

Si les adversaires d'une législation qui sera certainement maintenue, ont confiance dans la Commission supérieure des colonies ; les représentants de l'industrie de Pondichéry, avec une égale confiance, sont convaincus que la cause nationale qu'ils défendent, ne sera pas sacrifiée à des rivalités commerciales.

Bordeaux, le 5 février 1880.

CHAUMEL-DURIN & Cie.

Réponse de M. TETREL, chef du service des Douanes, à Saint-Louis (Sénégal), faite au Conseil général de cette Colonie au nom de l'Administration supérieure locale.

M. TÉTREL, *chef du service des douanes*. — Des nombreux documents que vient de lire l'honorable rapporteur, surgissent quatre arguments que je formule ci-après, et dont je démontrerai au Conseil l'inexactitude.

Les voici :

1° Le Sénégal a été sacrifié par la Direction des colonies parce qu'il n'avait pas de représentant;

2° Le Sénégal subit, au profit de l'industrie caduque de Pondichéry, un impôt annuel de 240,000 fr.;

3° Le commerce de la guinée se déplacera et passera en Gambie où les Maures iront la chercher;

4° Les droits établis par le décret du 19 juillet 1877, ne peuvent être justifiés au point de vue économique.

Je réponds à la première et à la deuxième objections. Loin d'être sacrifiés par la Direction des colonies, les intérêts du Sénégal ont été sauvegardés par elle.

Pourquoi comparer ce qui s'est fait à la Réunion avec ce que l'on demande pour le Sénégal?

Au point de vue géographique, commercial et social, il n'y a aucun rapprochement à faire entre ces deux colonies.

A la Réunion, le Créole de toute condition consomme de la guinée, et toute guinée importée est employée dans l'île. Au Sénégal, la guinée transite vers les pays Maures, et ce sont des tribus hostiles, ennemies mêmes, qui emploient exclusivement ce genre de tissus. Est-il donc de si mauvaise administration de lever sur des peuplades pillardes un impôt de 240,000 fr. au profit de la population du littoral, la seule que l'on puisse dire française.

En faisant ce qu'ils ont fait, en détournant de leurs concitoyens un impôt toujours mal venu, les députés de la Réunion ont bien fait, je les approuve; mais, si par un esprit d'imitation poussée à l'extrême, le député du Sénégal en eût fait autant, il eût fait de mauvaise besogne, et travaillé au profit des Maures contre ses propres électeurs. S'il y a impôt de 240,000 fr. au profit de Pondichéry, c'est le Sénégal qui l'encaisse et le garde, c'est le Maure, l'Anglais et le Belge qui le paient.

La troisième objection consiste à dire :

Le commerce de la guinée passera en Gambie où les Maures iront la prendre.

De Saint-Louis en Gambie, il y a, carte en mains, 100 lieues de route directe, au moins 125 lieues de chemin à faire à cause des marigots non guéables qu'il faut contourner; soit à l'aller et au retour, 250 lieues.

Or, pour faire ce trajet, la location d'un chameau porteur d'une balle de 200 kilog. sera au moins de 160 fr.; le droit sur la guinée anglaise est de 180 fr.; où sera le bénéfice?

Si l'on a pu en 1878 faire la contrebande de Rufisque sur Saint-Louis, c'est que la distance n'est que de 50 lieues de route, qu'un chameau se louait 80 fr., et qu'ainsi les introducteurs de guinée par la voie du Cayor réalisaient 100 fr. de bénéfice par balle. Mais on ne peut comparer le Cayor au pays des Serrères pour la sécurité. Les Maures sont trop fins pour s'aventurer pour un très-mince bénéfice dans un pays de pillards comme celui des Serrères où, s'ils n'étaient pas dévalisés en grand, ils auraient au moins à payer un droit de 10 p. 100 en nature sur leurs marchandises.

La dernière objection est que le droit de 1 fr. 80 c. par pièce de guinée étrangère est injustifiable au point de vue économique.

Assertion fausse.

Le tarif conventionnel en main (et c'est là l'expression, le résumé des idées économiques du jour), je vois que la guinée anglaise ou belge de 1 kilog. 800 gr., imposée à 75 fr. les 100 kilog., paierait en France par pièce. F. 1 35

Un droit (que j'appellerai intérieur) de 60 centimes, étant frappé par pièce de guinée française ou franco-indienne, il y a lieu, pour maintenir le rapport fixé par le tarif français, d'augmenter la guinée étrangère d'une surtaxe compensatrice pareille, c'est ce qui a été fait.. . . . . .F. » 60

On eût pu exiger . . . . .F. 1 95
Le décret n'a demandé qu'un droit de. 1 80

En moins par pièce. . . .F. » 15

Le droit de 1 fr. 80 c. est donc justifié au point de vue économique.

Vous émettrez, Messieurs, le vœu qui vous plaira. Vous fixerez un droit unique, et l'industrie franco-indienne périra, les guinées anglaises et belges régneront en maîtresses sur le marché sénégalais, et Manchester et Gand s'en frotteront les mains. Où trouverez-vous des recettes pour équilibrer votre budget? sur les articles de consommation des Européens. Tous ces articles sont assez lourdement imposés. Je conclus donc au maintien du régime actuel.

www.ingramcontent.com/pod-product-compliance
Lightning Source LLC
Chambersburg PA
CBHW060550050426
42451CB00011B/1842